AF509390

CONFÉRENCES PUBLIQUES

SUR LES SCIENCES MORALES

L'ÉCONOMIE, LA MÉTAPHYSIQUE ET LA THÉOLOGIE

POUR DÉMONTRER PAR LES FAITS

L'INSUFFISANCE DES SYSTÈMES

ET

LA PUISSANCE DES THÉORIES SCIENTIFIQUES

FONDÉES

SUR L'ÉTUDE ET LA CONNAISSANCE DES LOIS NATURELLES

PAR

Jean-Louis VAÏSSE

———

Le conférencier discutera, dans ces Conférences, la plupart des questions se rattachant aux sciences morales, et *donnera la solution* de tous les grands problèmes que l'humanité cherche depuis six mille ans et qu'elle n'a pas su trouver encore.

TOULOUSE, JUIN 1876.

LES

GRANDES QUESTIONS MORALES

DE NOTRE ÉPOQUE.

PROGRAMME DES DISCUSSIONS.

PREMIÈRE PARTIE.

INTRODUCTION.

DISCUSSION PRÉLIMINAIRE. — EXPOSITION DES FAITS.

1. Les destinées de l'humanité. — 2. Le domaine des sciences *physiques et naturelles*, et celui des sciences *morales et philosophiques*. — 3. Les chercheurs ou les grands esprits : les économistes, les métaphysiciens et les théologiens. — 4. En matière d'économie, *nous ne connaissons pas encore* quelles sont les lois de la richesse. — 5. Dans le domaine de la métaphysique, *nul n'a pu expliquer* le phénomène de la pensée et déterminer les facultés de l'âme. — 6. Enfin, dans le domaine de la théologie, *Dieu est toujours l'éternel mystère !* — 7. Mystère partout et toujours ; mystère, c'est-à-dire ignorance !...

DEUXIÈME PARTIE.

DES SYSTÈMES ET DE LEUR INSUFFISANCE.

1. Tout système n'est qu'une conception imaginée ou inventée. — 2. Le système du communisme et autres en matière

d'économie. — 3. Les divers systèmes de théologie religieuse. — 4. Quelques-unes des inventions systématiques des métaphysiciens : les *idées innées* de Descartes ; les *monades* de Leibnitz.

TROISIÈME PARTIE.

PREMIÈRE THÉORIE SCIENTIFIQUE.

THÉORIE DES EFFETS ET DES CAUSES.

INTRODUCTION. — 1. Esprit de la méthode scientifique démonstrative, déduite de l'évidence des faits. — 2. Le monde occulte des esprits ou le *monde moral*, et le monde visible ou le *monde de la Nature*. — Le monde de la nature est une copie et une image fidèles du monde des esprits. — 3. Une *théorie* scientifique est une démonstration qui prouve la certitude des différents faits que l'on affirme. — 4. DES LOIS. La loi est une *puissance agissante* qui produit et enfante des faits ou *phénomènes*. « La loi, dans sa définition, c'est un principe ou une » vérité exprimée dans un sens *indéfini*, *général* et *universel*. » Exemple : Il n'y a pas d'effet sans cause. — 5. DES PHÉNOMÈNES. « Le phénomène, c'est la loi ou le principe manifesté ou con- » staté dans un fait *particulier* et *déterminé*. » Exemples : Il n'y a pas de bruit sans choc, ni de clarté sans lumière, ni de consommation sans production, etc. — 6. Rapports des lois et des phénomènes. — 7. Le hasard n'existe pas...

DES EFFETS ET DES CAUSES. — 1. Qu'est-ce qu'une cause ?... Qu'est-ce qu'un effet ? « Lorsque deux choses : 1º se sui- » vent ; 2º qu'elles sont inséparables l'une de l'autre ; 3º que la » deuxième dépend de la première, par qui elle a été produite » et engendrée, je dis que la première de ces deux choses est » une *cause*, et la seconde un *effet* de cette cause. » — 2. PRE- MIÈRE LOI UNIVERSELLE : « *Il n'y a jamais d'effet sans cause ni* » *de cause sans effet* : » loi qui se manifeste dans une foule de phénomènes.

Rapports harmoniques des effets et des causes. — 1. Toute cause possède toujours trois éléments : *l'intensité*, la *durée* et la *manière d'être*. — 2. Tout effet possède ces mêmes éléments que possède la cause engendrante. — 3. Deuxième loi universelle : « *Les effets et les causes sont toujours en harmonie parfaite;* » loi qui se manifeste dans une foule de phénomènes.

Les effets sont dépendants des causes. — 1. *Pour modifier la nature d'un effet, il faut nécessairement modifier la nature de la cause qui engendre cet effet.* — 2. *Pour détruire un effet, il faut, de toute nécessité, détruire la cause qui engendre cet effet.* Telle est la : Troisième loi universelle, qui se manifeste dans des phénomènes sans nombre.

Enchaînements de causes et d'effets. — 1. Un effet se transforme en cause et produit un effet, lequel se transforme à son tour en cause pour produire un autre effet, et ainsi de suite, à l'infini. — 2. Des enchaînements de causes et d'effets. — 3. Les enchaînements simples. — 4. Les enchaînements trinitaires. — 5. Les enchaînements composés.

Modèles d'enchaînements simples :

Le choc.   Le bruit.   La lumière.   La clarté.

Modèles d'enchaînement trinitaire :

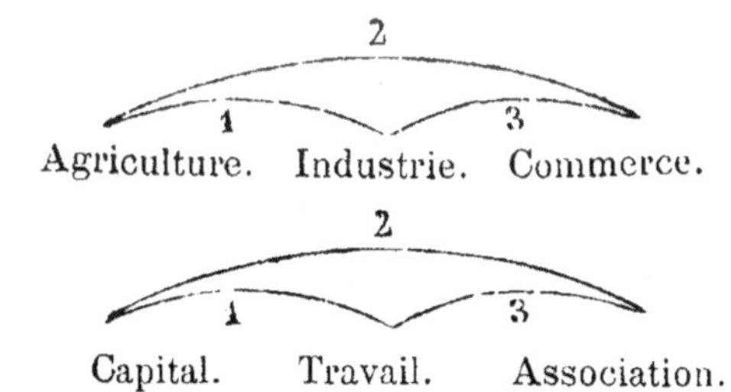

Modèle d'enchaînement composé :

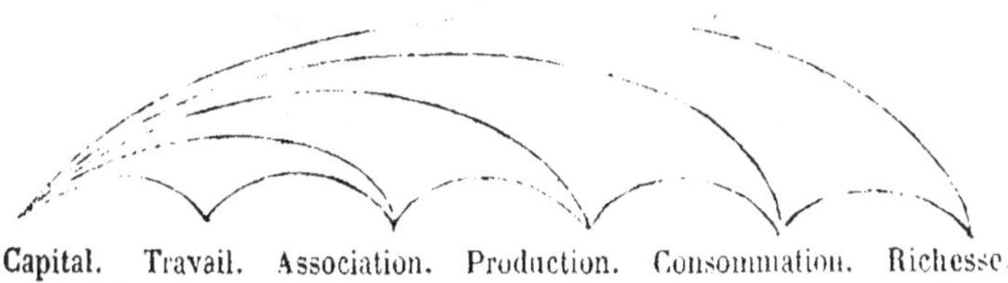

QUATRIÈME PARTIE.

ÉCONOMIE SOCIALE.

salaires des ouvriers. — 4. Chômage. — 5. Cherté des subsistances. — 6. Cherté des loyers. — 7. Prolétariat et misère. — 8. Révolutions démocratiques.

SOLUTIONS ÉCONOMIQUES.

NOUVELLE ÉCONOMIE SOCIALE UNIVERSELLE.

AGRICULTURE. — De la distribution des richesses par l'association proportionnelle en partageant par dixièmes les produits entre les colons et les propriétaires fonciers.

INDUSTRIE. — De la distribution des richesses par l'association proportionnelle : le capital rapportant 6 % au patron, à prendre sur les bénéfices de l'année, et le reste à partager : ¹/₅ au patron et ⁴/₅ aux ouvriers.

COMMERCE. — 1. De la distribution des richesses par l'association proportionnelle : pratiquer le même ordre de choses que dans l'industrie. — 2. Libre-échange universel. — 3. Mode d'application du libre-échange. — 4. Du crédit ; sa transformation en un placement rapportant intérêt, etc.

NOUVELLE ORGANISATION ÉCONOMIQUE DES FINANCES. — 1. Transformation des valeurs mobiles et variables en valeurs fixes. — 2. Suppression des sociétés financières en commandite par actions. — 3. Echelle du taux de l'intérêt de l'argent. — 4. Des banques. — 5. Echelle du taux de l'escompte. — 6. Transformation des emprunts des gouvernements.

NOUVELLE ORGANISATION ÉCONOMIQUE DES IMPÔTS. — 1. Un impôt unique sur le capital. — 2. Sa division en quatre impôts, savoir : l'impôt *agricole*, l'impôt *industriel*, l'impôt *commercial* et l'impôt *maison*. — 3. L'impôt ordinaire et l'impôt extraordinaire. — 4. Suppression des impôts indirects et des droits d'octroi. — Echelle des impôts.

NOUVELLE ORGANISATION ÉCONOMIQUE DE L'ARMÉE. — 1. Exercice militaire obligatoire enseigné aux enfants. — 2. Suppression du budget de la guerre. — 3. Tribunal suprême international pour juger les différends survenus entre les nations.

CINQUIÈME PARTIE.

DEUXIÈME THÉORIE SCIENTIFIQUE.

THÉORIE DES NATURES.

INTRODUCTION. — DES CHOSES, — trois grandes classes de choses, savoir :

LES OBJETS, LES CRÉATURES, LES NATURES.

1. Les *objets* sont composés de parties. Ils comprennent deux grandes classes : 1º les objets de la nature, tels que : un soleil, une planète, une montagne, une rivière; 2º les objets faits de la main de l'homme, tels que : une chaise, une table, un habit, un couteau, etc. — 2. Les *créatures* sont douées d'organes ; elles absorbent, elles naissent, vivent et meurent. Elles comprennent deux grandes classes : *les végétaux et les animaux.* — 3. Les *natures* ou manières d'être n'ont ni parties ni organes. Exemple : Justice, tempérance, orgueil, grandeur, hauteur, jeunesse, vieillesse, etc.

LES NATURES CONSIDÉRÉES EN ELLES-MÊMES. — 1. Phénomènes : Le *long* se distingue du *court*, le *grand* du *petit*, le *bon* du *mauvais*, et réciproquement. Loi : « La possibilité de distin- » guer une nature quelconque est un effet qui a pour cause » l'existence d'une autre nature *différente, contraire* ou *opposée.* » — 2. *Première conséquence ;* Phénomènes : Le long et le court constituent une *dualité ;* de même le grand et le petit, le bon et le mauvais, etc. Loi : « Les natures existent deux à deux, » c'est-à-dire par *dualités.* » — 3. *Deuxième conséquence ;* Phénomènes : Le long est corrélatif du court, et réciproquement ; de même pour le grand et le petit, pour le bon et le mauvais, etc. Loi : « Dans chaque dualité de natures, les deux natures » sont *réciproquement corrélatives* l'une de l'autre. » — 4. *Troisième conséquence ;* Phénomènes : Riche est la *négation* de pauvre, et réciproquement ; de même pour fort et faible, constant et inconstant, etc. Loi : « Dans chaque dualité de natures, les

» deux natures corrélatives sont la *négation réciproque* l'une de
» l'autre. »

DE L'ACTION DES NATURES. — 1. « *Les natures sont essentiellement*
» *agissantes.* » — 2. Phénomènes : Cet homme est *juste* , cette
maison est *vaste*, ce fruit et *mûr*, ce cheval est *beau*, etc. Loi :
« Les natures *s'harmonisent avec les individualités.* » — 3. Phénomènes : La *vie* est *courte* , ce *travail* est *pénible* , une *sage*
prévoyance , la *vertu* est *aimable* , cette *lumière* est *éblouis-*
sante, etc., etc. Loi : « Les natures *s'harmonisent entre elles.* »
— 4. Phénomènes : Le choc *engendre* le bruit , la lumière *en-*
gendre la clarté , le travail *engendre* le salaire, la vie *engendre* le
mouvement, etc. De même aussi l'association, la production et
la consommation forment un enchaînement trinitaire de causes
et d'effets; même chose pour l'agriculture , l'industrie et le
commerce , etc., etc. Loi : « Les natures forment entre elles
» *des enchaînements de causes et d'effets.* »

Donc les natures agissent de *trois manières* différentes.

1º LES NATURES N'ONT NI PARTIES NI ORGANES. — 1. Les individualités *objets* sont composées de parties. — 2. Les individualités *créatures* sont douées d'organes, mais les natures n'ont ni
parties ni organes.

2º LES NATURES SONT IMMUABLES. Les individualités peuvent
changer de nature , mais non les natures. Exemple : un homme
juste peut, à un moment donné, commettre une injustice; mais
la justice est toujours la justice.

3º LES NATURES SONT INDIVISIBLES. Les individualités et la matière sont toujours divisibles. Exemple : On peut diviser un
corps , mais on ne peut pas diviser la justice , la grandeur ,
l'ignorance, la gloire, la longueur qui sont des natures, etc.

RÉSUMÉ DES TROIS DÉMONSTRATIONS PRÉCÉDENTES : « Les natu-
» res n'ont *ni parties ni organes* ; elles sont *immuables* et *indi-*
» *visibles*, tandis que les individualités ont des parties ou des
» organes ; elles sont changeantes et divisibles. Donc : les na-
» tures ont des natures ou manière d'être diamétralement op-
» posées aux natures ou manière d'être des individualités;
» donc : LES NATURES ONT LEURS NATURES OU MANIÈRE D'ÊTRE. »

NATURES OU PROPRIÉTÉS DE LA MATIÈRE. Phénomènes : l'éten-
due, l'inertie, la mobilité, la divisibilité, la pesanteur, la den-

sité, l'impénétrabilité, etc., sont des natures ou manières d'être qu'on retrouve dans tous les corps. Loi : « Les *propriétés* sont » des *natures générales et universelles.* »

NATURES OU QUALITÉS DE LA MATIÈRE. Phénomènes : la solidité, la liquidité, la fluidité, la friabilité, la malléabilité, la fusibilité, la digestibilité, etc., sont des natures particulières à certains corps. Loi : « Les *qualités* sont des *natures particulières et spé-* » *ciales.* »

CLASSIFICATION DES NATURES D'APRÈS LEURS RAPPORTS HARMONI-QUES. — 1. Les *natures spiritualistes* sont celles qui s'harmonisent avec les esprits. Exemple : cet homme est *juste*, cette femme est *prudente*, etc. — 2. Les *natures matérielles* sont celles qui s'harmonisent avec la matière. Exemple : le plomb est *lourd*, le liége est *léger*, l'eau est *limpide*, etc. — 3. Les *natures animales* sont celles qui s'harmonisent avec les animaux. Exemple : cet homme est *malade*, ce cheval est *maigre*, etc. — 4. Les *natures mixtes* sont celles qui s'harmonisent indistinctement avec les diverses classes d'individualités. Exemple : un esprit *vaste*, une maison *vaste*; un esprit *profond*, un puits *profond*.

CLASSIFICATION DES NATURES D'APRÈS LEUR CARACTÈRE RESPECTIF. Les natures se divisent en trois grandes classes, savoir :

LES PRINCIPES, LES QUALITÉS, LES ÉLÉMENTS.

1. « Les *principes* sont la cause engendrante de nos actions » morales. » Exemple : cet homme a commis une *lâcheté*, cette femme s'est *sacrifiée*, etc. — 2. « Les *qualités* sont des natures » fixes qui semblent rivées aux individualités avec lesquelles » elles s'harmonisent. » Exemples : cet homme est *grand*, il est *sérieux*, c'est un esprit *profond*, etc. Les qualités sont spiritualistes, personnelles, animales ou matérielles selon les individualités avec lesquelles elles s'harmonisent. — 3. « Les » *éléments* sont des natures qui présentent le caractère de » *l'alternative.* » Exemples : le travail et le repos, le bruit et le silence, la maladie et la santé, manger et digérer, dormir et veiller, etc., sont des éléments. Les éléments sont spiritualistes, personnels, animaux, matériels ou mixtes selon la classe d'individualités avec lesquelles ils s'harmonisent.

Les natures dans les individualités. Chaque créature humaine est l'image vivante et incarnée d'un certain nombre de natures qui ont pris possession de sa personne et s'harmonisent avec elle.

« Toute individualité revêtue d'une nature nous présente
» l'image de cette nature, mais elle ne saurait être cette nature
» même qui existe en dehors de cette individualité. » Exemple :
une boule sphérique est *l'image de la sphère*, mais elle ne saurait être la nature sphère qui existe en dehors de cette boule.
Un anneau est *l'image du cercle*, mais il ne saurait être le cercle
qui existe en dehors de cet anneau ; une personne honnête est
l'image de l'honnêteté, mais ne saurait être l'honnêteté ; une personne riche est *l'image de la richesse*, mais ne saurait être la
richesse, etc., à l'infini.

« Nous ne pouvons comprendre les natures, les concevoir
» et en avoir une idée qu'en les observant dans les individuali-
» tés qui les possèdent et avec lesquelles elles s'harmonisent. »
Exemple : nous comprenons la *longueur* et en avons une idée
en voyant un chemin long ; nous avons une *idée de la largeur*
en voyant une rivière large ; *une idée de la hauteur* en voyant
une haute montagne ; *une idée de la sphère* en voyant une boule ;
une idée du cercle en voyant un cerceau ou un anneau ; *une idée
de la blancheur* en voyant la neige ; *une idée de l'orgueil* en
voyant un homme orgueilleux ; *une idée de la richesse* en voyant
une personne habillée somptueusement ; *une idée de la pauvreté*
en voyant une personne couverte de haillons, etc., à l'infini.

« Il est important d'habituer notre esprit à séparer les natu-
» res des individualités avec lesquelles elles s'harmonisent et
» à considérer les natures en elles-mêmes et dans leur indivi-
» dualisation propre. » Exemple. Il faut savoir considérer la
blancheur en dehors de la neige, la *sphère* en dehors de la bille
de billard, la *prudence* en dehors de la personne prudente, la
sagesse en dehors de la personne sage, etc., à l'infini.

« Des individualités sans nombre peuvent se revêtir d'une
» même nature, sans que, pour cela, cette nature soit amoin-
» drie, diminuée, ou absorbée. » Exemple : une multitude de
boules sphériques ne sauraient amoindrir ni absorber la *nature
sphère*, qui existe toujours en dehors de ces boules sphériques ;

une multitude d'anneaux ou de cercles ne sauraient amoindrir ni absorber la *nature cercle :* une multitude de personnes *vertueuses* ne sauraient absorber la vertu, etc., à l'infini.

Les natures sont indéfinissables. Il est impossible de définir les couleurs, les sons, les odeurs, il est impossible de définir les propriétés ni les qualités des choses matérielles, encore moins les natures spiritualistes. La définition scientifique n'est autre chose *qu'un énoncé de natures* qu'il est impossible de définir, c'est-à-dire de faire comprendre par la définition; on ne peut les comprendre et en avoir une idée *qu'en les voyant.*

Les natures considérées dans leur abstraction. — 1. Les principes considérés en dehors des esprits qui en sont revêtus. Exemples : la justice, la douceur, la charité. — 2. Les qualités en dehors des individualités qui les possèdent. Exemples : la prudence, l'activité, la force, la grosseur, la paresse. — 3. Les éléments considérés en dehors des individualités chez lesquelles on les rencontre. Exemples : le travail, le repos, la vie, le mouvement, la maladie.

Une nature ne saurait jamais se transformer en individualité et réciproquement. Exemples : un homme riche, une feuille de papier blanc. L'individualité homme ne saurait se transformer en la nature richesse et réciproquement. L'individualité feuille-papier ne saurait se transformer en la nature blancheur et réciproquement.

Les natures et la langue. — 1. Les natures *adverbes.* Exemple : je marche *doucement.* — 2. Les natures *verbes.* Exemple : *souffrir* et *mourir* telle est la destinée de la plupart d'entre nous. — 3. Les natures *adjectifs.* Exemple : les femmes sont généralement *compatissantes.* — 4. Les natures *substantifs* ou *individualisées.* Exemple : il commande avec *autorité*, il persévère avec *courage* et *patience.*

SIXIÈME PARTIE.

TROISIÈME THÉORIE SCIENTIFIQUE.

THÉORIE DES INDIVIDUALITÉS.

1. *Des créatures.* « Toute créature est une agglomération
» d'organes. » Qu'est-ce qu'un organe? Le nez, la bouche, les
yeux, les oreilles, les mains, etc., sont des organes.

2. *A quoi servent les organes?* « Les organes servent à *sentir*,
» à *distinguer* et à *comprendre* les natures de la matière. »

3. « *Les natures de la matière existent par classes.* » 1º Les
odeurs; 2º les saveurs; 3º les sons; 4º la lumière et les couleurs; 5º les surfaces ou aspérités des corps et de la matière.

4. *Les natures de la matière ont provoqué la formation des organes.* Ce qui signifie que « les natures de la matière sont une
» cause et les organes du corps sont un effet de cette cause. »
Exemple : c'est à cause des odeurs que la nature nous a pourvu
de l'organe nez, etc.

5. « Il n'existe pas de classe de natures sans un organe cor-
» respondant et réciproquement. »

6. « Les natures de la matière viennent se heurter contre
» tous les organes, mais elles n'affectent que l'organe qui leur
» correspond. »

7. « Tout organe n'est propre qu'à distinguer les natures
» auxquelles il correspond et pour lesquelles il a été constitué. »
Exemple : le nez et les odeurs, les yeux et les couleurs, l'oreille
et les sons, la bouche et les saveurs.

8. La fonction de l'organe détermine la faculté. « Donc les
» organes engendrent les facultés; de sorte qu'il n'y a pas de
» faculté animale sans un organe du corps et réciproquement. »

9. « La faculté consiste dans la *possibilité* de distinguer, de
» sentir et de comprendre les natures de la matière. »

10. « Toute sensation animale est un effet qui a pour cause
» une faculté; la faculté est donc la cause engendrante de la
» sensation. »

11. « Les natures Les organes Les facultés Les sensations
de la matière,   du corps,   animales,   animales
» forment un enchaînement de causes et d'effets composé de
» quatre termes. »

12. « C'est par le contact que les natures de la matière agis-
» sent sur les organes pour produire les sensations. »

13. « Les sensations animales existent par classe, à cause
» que les natures de la matière existent par classe. » Exemple : les sensations d'odorat et les odeurs, les sensations d'ouïe
et les sons, etc.

14. « Dans chaque classe de sensations animales, il y a au-
» tant de sensations différentes qu'il y a de natures matérielles
» différentes dans la classe de natures qui engendrent ces sen-
» sations. » Exemple : Si dans la classe des odeurs il y a mille
odeurs différentes, nous subirons mille sensations différentes
d'odeurs ; même chose pour les saveurs, etc.

15. « Un seul organe suffit à une classe de natures et à la
» classe de sensations produites par ces natures. »

16. « L'intensité des sensations animales est toujours en
» raison directe de l'intensité des natures de la matière qui les
» produisent ou les engendrent. »

17. La chair de notre corps est douée de la faculté d'éprouver
des sensations animales ; aussi elle peut être considérée comme
un véritable organe. Elle sera l'organe de la sensibilité. Exemple : la douleur.

18. Nos sensations animales sont de trois sortes : 1º sensations *d'harmonies d'individualités* ; 2º sensations *d'harmonies de
natures* ; 3º sensations *d'enchaînement de natures*.

19. Sous l'influence de nos sensations animales nous donnons notre *attention* aux natures de la matière, nous les *com-
parons* entre elles, et nous portons un *jugement* sur elles.

20. *Classification des organes du corps.* 1º Les organes de la
vie animale, de la respiration, de la digestion, etc., sont :
la bouche, le pharynx, l'estomac, les poumons, le cœur, le
foie, le diaphragme, etc. ; 2º les organes mixtes ou semi-
mentals et semi-animaux, sont : les yeux, les oreilles, les

mains ; 3° l'organe spiritualiste , c'est-à-dire l'organe vocal c'est le larynx.

Résumé.

Les lois naturelles universelles, qui servent à la manifestation des divers phénomènes de la vie animale et sont relatifs à l'individualité humaine, peuvent être ramenées à quatre principales :

PREMIÈRE LOI NATURELLE UNIVERSELLE. « L'homme, aussi bien » que toute créature qui vit, est *un être organisé*, c'est-à-dire » pourvu d'organes. »

DEUXIÈME LOI NATURELLE UNIVERSELLE. « Tout organe dans » l'homme est un appareil propre à *discerner*, à *distinguer* et à » *comprendre* les natures ou manières d'être des *choses* qui exis- » tent dans notre monde au milieu desquelles l'homme est » destiné à vivre. »

TROISIÈME LOI NATURELLE UNIVERSELLE. « Toute faculté dans » l'homme consiste uniquement dans l'action d'un organe » exerçant ses fonctions vitales. »

« Donc chaque faculté a pour cause l'existence d'un organe ; » donc il ne saurait y avoir de faculté sans organe, ni d'organe » sans faculté ; donc autant d'organes l'homme possède , au- » tant de facultés dont il jouit. »

QUATRIÈME LOI NATURELLE UNIVERSELLE. « L'action que les » natures ou manières d'être des choses exercent sur nos or- » ganes est la cause et la source de toutes nos sensations » animales. »

SEPTIÈME PARTIE.

MÉTAPHYSIQUE OU ANATOMIE DE L'ESPRIT.

DE L'ENTENDEMENT HUMAIN. — DES FACULTÉS DE L'AME. — DES IDÉES.

1. « Lorsque nous connaissons la nature de la cause qui » engendre un effet d'un ordre déterminé, toutes les fois que

» nous constaterons l'existence d'un effet de cet ordre, cet effet
» nous révélera forcément le caractère et la nature de la cause
» qui engendre cet effet. »

2. Les esprits doivent avoir nécessairement des natures ou
manières d'être ; cela ne saurait être autrement, attendu que
toute chose qui existe en est revêtue à un degré quelconque ; il
n'y a que le néant qui en soit privé. Les natures ou manières
d'être des esprits, c'est-à-dire les *natures spiritualistes, exis-*
tent donc incontestablement.

3. Les natures spiritualistes qui sont *universelles,* c'est-à-dire
qu'on retrouve dans tous les sujets de la grande famille des
esprits, constituent une classe de natures spiritualistes que
nous appellerons : *Les propriétés des esprits.*

4. L'âme possède TROIS PROPRIÉTÉS : *La liberté, la puissance* et
l'immortalité.

5. Il existe des natures ou manières d'être des esprits qui sont
particulières ou spéciales à certains esprits ; c'est-à-dire quelles
abondent dans certains sujets, alors que d'autres semblent en
être privés. Ces natures ou manières d'être particulières à
certains esprits, composent une nouvelle classe de natures
spiritualistes que nous nommerons : *Les qualités spiritualistes.*

6. LES QUALITÉS SPIRITUALISTES sont au nombre de trois, savoir : *L'imagination, la mémoire* et *le souvenir.*

7. Une créature vivante ne saurait être, si elle ne possède
des organes d'une nature quelconque, attendu que ce sont les
organes qui constituent la vie même. L'esprit doit donc nécessairement être doué d'organes ; supposer l'âme humaine privée
d'organes, c'est un non-sens, c'est une chose impossible.
L'âme ou l'esprit a donc des organes.

8. Les *émotions multiples* que nous subissons : les *troubles* et
les *joies* de la conscience qui nous agitent, nos sentiments
d'*indignation* ou d'*admiration,* de *sympathie* ou d'*antipathie,* qui
se manifestent à tous moments et relativement à une foule de
choses, sont uniquement des SENSATIONS MORALES OU SPIRITUA-
LISTES que l'âme subit à *cause même* qu'elle est organisée ; c'est-
à-dire parce qu'elle possède des organes disposés à cet effet.

9. De même que les sensations animales sont le résultat de
l'action des natures de la matière agissant sur les organes du

corps ; de même aussi les sensations spiritualistes sont le résultat de l'*action des natures spiritualistes* agissant sur les organes de l'*âme*.

10. Tout ce que nous avons dit au sujet des natures de la matière, des organes du corps, des facultés animales et des sensations animales, est rigoureusement applicable aux natures spiritualistes, aux organes de l'esprit, aux facultés de l'âme, et aux sensations morales ou spiritualistes. Aussi,

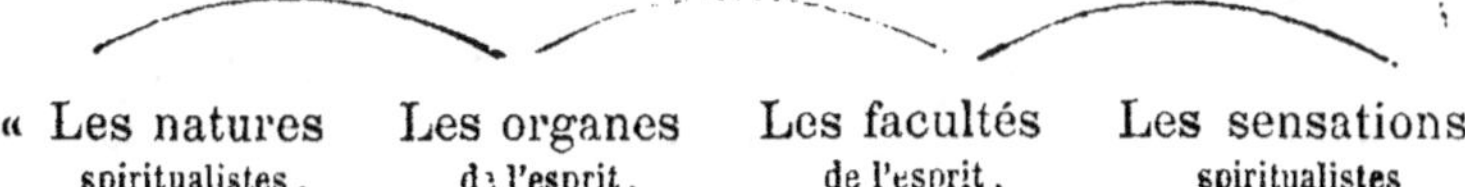

« Les natures   Les organes   Les facultés   Les sensations
spiritualistes,   de l'esprit,   de l'esprit,   spiritualistes

» forment un enchaînement de causes et d'effets composé de
» quatre termes. »

11. De ce que les natures spiritualistes composent trois classes de natures différentes et distinctes, savoir : Les *principes*, les *qualités*, les *éléments*, nous devons conclure que l'âme possède *trois organes*, un organe pour chaque classe de natures, savoir : 1º L'organe des principes ; 2º l'organe des qualités ; 3º l'organe des éléments.

12. Chaque organe de l'âme donne lieu à une faculté morale ou spiritualiste, attendu que tout organe engendre une faculté.

13. L'âme ou l'esprit est douée conséquemment de trois facultés spiritualistes : 1º De la faculté de distinguer et de sentir les principes ; 2º de la faculté de distinguer et de sentir les qualités spiritualistes ; 3º de la faculté de distinguer et de comprendre les éléments spiritualistes.

14. L'âme, douée de la faculté de sentir et de comprendre les natures spiritualistes, est capable de *trois opérations* : 1º De donner son *attention* aux natures spiritualistes ; 2º de les *comparer* entre elles ; 3º de *juger* leurs rapports. Ces trois opérations forment un enchaînement trinitaire de causes et d'effets.

L'attention.   La comparaison.   Le jugement.

15. Tout jugement est l'expression et l'effet d'une sensation ;

mais toute sensation spiritualiste est provoquée par un phénomène moral, donc :

Les phénomènes   Les sensations   Les jugements
moraux,   spiritualistes,   moraux

forment un enchaînement trinitaire de causes et d'effets.

16. Un jugement est affirmatif, négatif ou dubitatif.

17. Tout phénomène moral ou spiritualiste a toujours pour
cause l'action d'une nature spiritualiste, et comme les natures
agissent de trois manières différentes, je distingue trois classes de phénomènes, trois classes de sensations et trois classes
de jugements moraux.

18. Le *raisonnement* est l'acte ou l'opération dans laquelle
l'esprit discute les phénomènes et plus particulièrement ceux
résultant des enchaînements de causes et d'effets des natures.
Lorsque l'esprit procède en remontant des effets aux causes ou
des conséquences aux principes, cette forme de raisonnement
constitue l'*analyse* ; lorsque, au contraire, l'esprit procède en
descendant des causes aux effets ou des principes aux conséquences, cette forme de raisonnement constitue la *synthèse*.

19. *Ame, esprit, intelligence, raison, jugement, conscience.*

Dé l'idée et de la pensée.

1. « *La pensée ou l'idée n'est autre chose que le mouvement de
» l'esprit* ». Voilà la définition simple, complète et parfaite de
l'idée. Exemple : *La propriété c'est le vol*, selon Proudhon ; et
selon mon affirmation : *La propriété est le fruit du travail et de
l'épargne*. Voilà deux idées qui ne se sont pas constituées
elles-mêmes ; mais qui sont le résultat certain du mouvement
des esprits qui les ont énoncées.

2. Les natures étant essentiellement agissantes et agissant
de trois manières différentes, produisent trois classes de phénomènes ; or, je dis que toute idée n'est autre chose que
l'expression de ces trois classes de phénomènes ; aussi toute
idée est l'expression : 1° De natures qui s'harmonisent avec

des individualités ; 2º de natures qui s'harmonisent entre elles ; 3º enfin de natures qui forment entre elles des enchaînements de causes et d'effets.

3. Une idée est matérielle, animale, spiritualiste, selon que les choses qui la composent appartiennent à l'une ou l'autre de ces diverses classes de choses.

4. Une idée peut être *vraie* ou *fausse*. Les idées vraies sont celles dans lesquelles l'esprit, dans ses mouvements, a affirmé des choses qui, dans la nature, sont réelles. Exemple : Galilée affirmant le mouvement de la terre autour du soleil. Les idées fausses sont celles dans lesquelles l'esprit, dans ses mouvements, affirme des choses contredites et démenties par les lois et les phénomènes de la nature. Exemple : Le roi David affirmant que le soleil fait sa course autour de la terre (Ps. XIX).

5. Toute idée donne lieu à *une image* et se manifeste par une image qui apparaît à notre esprit, et que celui-ci distingue très-clairement. Cela ne saurait être autrement, attendu que diverses choses groupées et réunies doivent nécessairement donner lieu à une image qui en est la conséquence nécessaire.

6. Les idées sont *actives* ou *passives*. Les idées actives sont celles qui existent par le fait même du mouvement de l'esprit qui l'accomplit. Les idées passives sont celles qui résultent des mouvements des autres esprits auxquels nous donnons notre attention et dont nous contemplons les images. Dans la théologie nous analyserons les idées passives, et nous ferons connaître leur origine.

7. Les images qui constituent les idées ne sont ni dans notre esprit ni dans le cerveau ; mais uniquement dans l'espace infini, partout et nulle part.

Résumé des éléments qui constituent la vie morale et anatomique de l'esprit.

1º TROIS PROPRIÉTÉS : La *liberté*, la *puissance* et l'*immortalité* ;
2º TROIS QUALITÉS : L'*imagination*, la *mémoire*, le *souvenir* ;
3º TROIS ORGANES : L'*organe des principes*, l'*organe des quali-* tés, l'*organe des éléments* ;

4º Trois facultés : Celles de distinguer, sentir et comprendre les *principes*, les *qualités*, les *éléments* ;

5º Trois classes de sensations : Sensations de *principes*, sensations de *qualités*, sensations d'*éléments* ;

6º Trois opérations : L'*attention*, la *comparaison*, le *jugement* ;

7º Phénomènes des idées et des images résultant de l'action des natures spiritualistes qui sont essentiellement agissantes.

HUITIÈME PARTIE.

THÉOLOGIE.

1º THÉOLOGIE MOSAÏQUE OU LOI SOCIALE.

(Théologie du passé.)

1. Qu'est-ce que la Bible? La Bible est-elle divinement inspirée ; les orthodoxes et les rationalistes. 2. La révélation divine et l'inspiration humaine ; parabole du bon grain et de l'ivraie. 3. Les trois doctrines, ou économies religieuses, ou principes de théologie que renferme la Bible : 1º Le *Mosaïsme* ; 2º le *Christianisme* ; 3º le *Paulinisme*. Un mot sur le caractère de ces trois doctrines de la Bible. 4. La vérité révélée à Moïse et l'inspiration humaine du législateur des Hébreux ; le Décalogue et le formalisme des Juifs. 5. Le mosaïsme est la loi sociale.

2º THÉOLOGIE CHRÉTIENNE OU LOI MORALE.

(Théologie du présent.)

1. Origine des enseignements de Jésus-Christ. — Éléments fondamentaux de la doctrine chrétienne : Les *dogmes*, la *morale*, les *miracles*, les *prophéties*. — 2. Les Évangiles et les évangélistes. — 3. La vie de Jésus : sa naissance, la tentation, sa mort, sa résurrection, son ascension, sa divinité. — 4. La

lettre et l'esprit ; — esprit philosophique du christianisme ; — importance du christianisme ; — son double caractère. — 5. La doctrine du sacrifice ; — la doctrine de l'expiation. — 6. Quelle est la véritable voie du salut ? — Le salut par les œuvres selon le christianisme ; — le salut par le sacrifice expiatoire selon le paulinisme. — 7. Jésus-Christ, parfait modèle, proposé à l'humanité pécheresse et corrompue pour conquérir sa rédemption. — 8. Institutions chrétiennes. — 9. De la prière ; — la prière et l'adoration ; — la grâce et la justice ; — le pardon. — 10. Dissertation sur les miracles ; — explication de certains passages de l'Evangile ; — de quelques contradictions ou obscurités des Evangiles. — 11. Les trois grandes prophéties du christianisme : 1º Le châtiment infligé à la race des Juifs ; 2º l'avénement du Règne de Dieu et la fin du monde ; 3º la fin de notre humanité. — 12. Le christianisme est-il originaire de la Judée ou bien est-il une importation de l'Inde ?

3º THÉOLOGIE SPIRITUALISTE OU LOI INTELLECTUELLE.

(Théologie de l'avenir.)

Dieu.

1. Les natures propres ou propriétés ; — propriétés et perfections. — 2. Les perfections de Dieu ou les natures propres à Dieu ; — Dieu analysé comme la matière. — 3. Formule scientifique théologique exprimant Dieu ; — Dieu est : 1º *Amour*, *Justice*, *Humilité* ; 2º le *Règne*, la *Puissance* et la *Gloire* ; 3º la *Lumière* ; la *Vérité* et la *Vie*. *Dieu*, enfin, *est une triple Trinité de natures spiritualistes*. — 4. Dieu est-il une personnalité ? — 5. Image symbolique donnant l'idée parfaite de Dieu. — 6. Dieu est-il absolument infini ? — 7. Dieu connaît-il l'avenir d'une manière absolue ? — 8. Les lois naturelles, que la science accepte comme faits scientifiques, sont-elles une réalité, ou ne seraient-elles qu'une illusion ?

L'âme et l'humanité.

1. Eternité des âmes. — 2. Du siége de l'âme dans le corps humain. — 3. L'homme est-il un dieu tombé ? — Sa chute

ou le péché originel. — 4. Création de l'univers et de l'humanité. — 5. La chair et le sang. — 6. Les natures morales (ou,
mieux, immorales) du cœur de l'homme. — Satan ou le
principe du mal ; — les natures divines et les natures satani-
ques. — 7. Les idées passives, ou les images que nous subissons par la pensée. — 8. Liberté, volonté, destinée. —
9. Problème de la destinée. — 10. Comment Dieu gouverne
les créatures humaines pour leur faire à chacune la destinée
méritée. — 11. Moyen certain pour consulter Dieu dans quelques circonstances et pour recevoir de lui une réponse à
notre demande.

Les destinées de l'humanité.

1. Description de l'univers : 1º le monde des esprits ; 2º la
zone des mondes habités par l'humanité ; 3º la région infinie
des ténèbres. — 2. Passages des âmes à travers les mondes. —
3. Une sainte Trinité rationnelle. — 4. Les quatre âges du
monde : 1º l'ère des ténèbres ; 2º l'ère mosaïque ou de la loi
sociale ; 3º l'ère chrétienne ou de la loi morale ; 4º l'ère du
Règne de Dieu sur la terre ou l'âge d'or de l'humanité.

5. L'Eglise universelle du Règne de Dieu promise par Jésus-
Christ. — 6. Principes constitutifs de l'Eglise universelle du
Règne de Dieu. — Les confessions de foi. — Loi spiritualiste
et morale ou psychologique : « *La vérité est* UNE, *mais les appré-
»ciations de la vérité sont multiples à l'infini.* » — 7. Abolition du
formalisme. — 8. La foi par l'enseignement de la vérité révélée
de Dieu. — De la Révélation. — 9. Les sceptiques, les doc-
trinaires, les éclairés. — Nécessité absolue de l'unité dans la
foi pour la paix du monde. — 10. La loi et la foi. — 11. Le
joug de la loi ou le devoir. — La véritable liberté. — 12. Méthode infaillible pour développer la foi dans la conscience des
hommes. — 13. Le Consolateur promis par Jésus-Christ, selon
le texte même de l'Evangile.

14. L'Apocalypse de saint Jean l'Evangéliste ; — le Roi des
rois et le Seigneur des seigneurs annoncé ; — ses combats
contre les puissances de la terre et son triomphe. — 15. L'An-
techrist. — 16. La fin du monde, c'est-à-dire la fin du Règne

de Satan par le triomphe de l'Evangile de Jésus-Christ, qui sera le Règne de Dieu sur la terre, fondé par le Messie Consolateur *en personne.* — 17. Le Règne de Dieu, qui sera le quatrième âge du monde, durera environ deux mille ans, après quoi viendra la fin de notre humanité. — 18. Description de ce grand cataclysme qui surgira au sein de la Nature et l'anéantira. — 19. Dissertation scientifique au point de vue de la géologie.

UN MOT SUR LE RELÈVEMENT DE LA FRANCE.

1. Aspirer au relèvement, c'est affirmer la décadence. La décadence n'est pas seulement en France, elle est aussi parmi les autres nations ; elle est donc universelle.

2. La société moderne ne pourra se relever que par des principes moraux qui *seront* un progrès par rapport à l'état de décadence actuel.

3. Quels sont ces principes moraux ? qui nous les fera connaître ? qui les constituera ?

4. Pour ma part, et comme moraliste chrétien, je propose :

1º Un premier principe *politique*, savoir : La République universelle ;

2º Un deuxième principe *économique*, savoir : Ma nouvelle économie sociale universelle, qui doit aboutir à l'extinction du paupérisme ;

3º Un troisième principe *religieux*, savoir : L'Eglise uniververselle fondée sur la philosophie du christianisme et la morale de l'Evangile.

4º Un quatrième principe *humanitaire*, savoir : Les droits de la femme, c'est-à-dire la femme affranchie de l'ignorance par une éducation sérieuse, à la fois morale et scientifique.

Voilà, selon moi, *les véritables principes* qui, mis en pratique, opéreront le relèvement de la France et aussi celui de la société moderne.

TOULOUSE, IMPRIMERIE A. CHAUVIN ET FILS, RUE DES SALENQUES, 28.

BULLETIN

Des principaux ouvrages, politiques, économiques, théologiques et de critique philosophique

PUBLIÉS PAR

Jean-Louis VAÏSSE

AUTEUR DE

LE SPIRITUALISME

OU

LE RÈGNE DE DIEU ET LE NOUVEAU MONDE

(NOUVELLE DOCTRINE UNIVERSELLE).

LA VÉRITÉ SUR L'ÉTAT MORAL DE LA FRANCE. Brochure in-8° de 24 pages. . . . . » **50**

LA RÉPUBLIQUE UNIVERSELLE DE L'AVENIR. *Le conseil des sages. — Le vote des femmes.* Brochure in-8° de 50 pages. . . . . **1** »

LES DROITS DE LA FEMME. Volume in-8° de 450 pages. . . . **4** »

NOUVELLE ÉCONOMIE SOCIALE UNIVERSELLE. *Extinction du paupérisme, abolition du prolétariat, fin de la misère.* — 2 vol. in-8°, les deux. **8 50**

L'ÉGLISE UNIVERSELLE DU RÈGNE DE DIEU ET DU NOUVEAU MONDE. Brochure grand in-8° de 120 pages. **1 50**

LA QUESTION SOCIALE DEVANT L'ASSEMBLÉE NATIONALE. *Lettre à MM. les députés de Versailles.* Janvier 1875. . . . . » **50**

IMPORTANCE DE L'ÉCONOMIE *au point de vue de la destinée des peuples et du bonheur de l'humanité.* Discours d'ouverture de conférences publiques. . . . . » **50**

DE L'INSUFFISANCE DES SYSTÈMES ET DE LA PUISSANCE DES THÉORIES SCIENTIFIQUES FONDÉES SUR L'ÉTUDE ET LA CONNAISSANCE DES LOIS NATURELLES. *Dissertation philosophique et scientifique.* — Mémoire présenté à l'Académie des sciences morales de l'Institut de France. Brochure in-8°. . . . . **1** »

L'AVENIR !... *Dieu protége la France !!!...* Discours de clôture des conférences publiques. . . . . **2** »

NOTIONS ÉLÉMENTAIRES D'ÉCONOMIE SOCIALE. Publication démocratique à l'usage des écoles communales des deux sexes. . **1** »

REQUÊTE ET SUPPLICATION présentée au gouvernement de la République française. . . . . » **50**